ANAÏS BARBEAU-LAVALETTE
MATHILDE CINQ-MARS

NOS HÉROÏNES

[FŒJ]
ÉDITIONS
MARCHAND
DE FEUILLES

À Mishka, Ulysse et Manoé, mes amours.
À Edmond, Romane, Mai, Azalie, Hanaé, Lou et Jules.
À toutes nos filles et à tous nos garçons.
Parce qu'une page se tourne et que vous écrirez la suivante.

A. B.-L.

À ma mère et à toutes celles qui ont défriché.
À ma fille et à toutes celles qui cultiveront.

M. C.-M.

Voici des femmes admirables.

Il y en a beaucoup d'autres encore :
des centaines à honorer.

Plutôt que de chercher ici les absentes,
célébrons les présentes,
choisies avec cœur.

En attendant les prochaines.

MARIE ROLLET

1580 • 1649

Le père de Marie Rollet est canonnier du roi Henri IV. Il a assez d'argent pour donner à sa fille une bonne éducation. Marie sait lire et écrire, ce qui n'est pas le cas de toutes les filles à l'époque (ni aujourd'hui, tristement).

Marie quitte la France par bateau et traverse l'Atlantique avec son époux, Louis Hébert, et leurs trois enfants. La traversée dure plus de trois mois ! À bord, il est impossible de se laver et la nourriture est rare.

Marie protège ses enfants des maladies et de la faim. Un exploit en soi. Alors que les passagers tombent comme des mouches, Marie est un bouclier amoureux pour ses petits. Elle les lave comme une maman chat, elle leur donne à manger tout ce qu'il reste : des biscuits si durs qu'il faut les mouiller d'eau de mer pour pouvoir les croquer. Mais elle joue : « Vous reprendrez bien un peu de gâteau au caramel, les enfants ? » Marie les aime tant. Elle veut les entendre rire, c'est ce qui la nourrit.

Le bateau évite de justesse d'immenses icebergs et ils arrivent tous vivants de l'autre côté de la mer, en Nouvelle-France. Marie Rollet est la première femme à s'y installer. Autour d'elle, les hommes s'étonnent : Tu n'as pas peur ?

— Peur de quoi ? leur demande la courageuse Marie.

— Des maladies, des Anglais, des Sauvages ?

Marie sourit et ouvre grand sa porte à ceux qui ont envie d'apprendre. Dans sa maison, tous partagent le thé, les livres et les gâteaux au caramel.

JEANNE MANCE

1606 • 1673

La famille de Jeanne meurt en France, tuée par la peste, une terrible maladie. Jeanne est triste, mais tout le monde la rassure : ta famille est au Ciel, entre les mains de Dieu. Jeanne n'y croit pas. Elle croit en la vie. Elle croit aux étoiles, à l'océan, aux forêts. Elle croit en elle, aussi.

Jeanne décide de partir à l'aventure et s'embarque pour la traversée de l'Atlantique aux côtés de Paul Chomedey de Maisonneuve, un officier français. C'est un voyage difficile de plusieurs semaines en haute mer. Elle est la seule femme à bord. Le pont est interdit les jours de tempête, mais Jeanne y monte en cachette. La mer immense se déchaîne, la nature est si puissante ! Jeanne aime sentir le goût du sel marin sur ses lèvres et le vent violent qui la secoue. Elle avale l'air du large qui la rend forte. Jeanne veut sauver des vies.

En Nouvelle-France, où tout est encore à faire, elle fonde le premier hôpital, qu'on appelle l'Hôtel-Dieu, où elle soigne les Premières Nations et les colons.

Il n'y a pas d'électricité en ces terres nouvelles, alors Jeanne doit fabriquer sa lumière. Elle chasse les lucioles qu'elle enferme dans des pots de verre. Ces drôles de lampes illuminent l'hôpital autour duquel se bâtit la ville.

Demoiselle Mance est aujourd'hui reconnue comme la co-fondatrice de Montréal.

MARIE MORIN

1649 • 1730

Marie est religieuse. Elle participe à agrandir l'hôpital Hôtel-Dieu de Montréal en 1694. Elle aime travailler avec les charpentiers, les maçons, les tailleurs de pierre, les menuisiers qui viennent lui demander des conseils. Elle n'est pas gênée d'échanger ses bonnes idées avec les hommes, qui la respectent.

Entre deux périlleux travaux, Marie Morin écrit ce qu'elle vit. Le froid de l'hiver qui entre dans les maisons, l'eau qui gèle avant qu'on ait pu la boire, les festins autochtones composés de citrouille cuite dans la cendre et d'épis de maïs rôtis. Elle raconte la vie rude et étonnante des habitants de la Nouvelle-France.

Et quand l'hôpital disparaît dans un incendie catastrophique, Marie retrousse ses manches : on recommence ! L'Hôtel-Dieu s'érige à nouveau, encore plus beau, encore plus solide. Et Marie écrit tout pour qu'on s'en souvienne.

Marie Morin est la première écrivaine de la Nouvelle-France.

KATERI TEKAKWITHA

1656 • 1680

Kateri a 4 ans quand elle survit à la petite vérole. Cette maladie très rude est transmise aux Autochtones par les Blancs qui leur échangent des couvertures contaminées contre des fourrures.

Les parents et le petit frère de Kateri meurent. Mais pas elle. Elle est alors élevée par son clan. Elle passe des heures en forêt et apprend à la connaître comme sa maison. Elle sait quelles plantes utiliser pour soigner les blessures ou les maux de ventre. Elle sait reconnaître les traces des animaux dans la neige et en déduire leur poids et leur sexe : « Une biche enceinte est passée ici avant le lever du soleil... »

Les autres enfants du clan se moquent parfois de Kateri. De profondes cicatrices marquent son visage, vestiges de la petite vérole. Mais Kateri garde la tête haute. Et quand les Français attaquent son village, c'est elle que les enfants suivent à travers les champs de maïs, dont elle connaît le labyrinthe par cœur.

Au creux des mains de Kateri, on retrouve souvent, intact, un lys blanc. C'est la fleur préférée de la petite fille qui se dit que, enveloppée de cette odeur divine, elle ne sera jamais seule.

AGATHE DE SAINT-PÈRE

1657 • 1748

Agathe a 15 ans seulement quand sa mère meurt, laissant derrière elle 10 enfants dont un nouveau-né. Agathe les prend sous son aile et devient leur « maman » de remplacement.

Elle découvre des astuces et devient très futée : il le faut pour faire vivre une si grande famille, si jeune !

Agathe ne perdra jamais son sens des affaires, et, quand le pays vient à manquer de couvertures, elle cherche des solutions. Les hivers sont longs et froids. Il n'y a plus de lin, plus de laine pour tisser. Agathe veut trouver de nouvelles façons de se tenir au chaud. Les orties, les filaments d'écorce, le cotonnier sauvage, la laine de bœuf... Pourquoi pas ?

Ses expériences fonctionnent. Agathe engage des tisserands et sa maison devient une « petite manufacture de couvertes » bien appréciées du roi lui-même, qui la félicite pour son inventivité !

Agathe crée ainsi la première manufacture de tissus du Québec. Et, dans l'arrière-boutique, elle fabrique des bonbons de sucre d'érable, qui fondent dans la bouche et donnent du courage.

LES FILLES DU ROY

LES PREMIÈRES EN 1663

La Nouvelle-France vient d'être découverte par les Blancs. Pour que ses hommes s'établissent sur cette terre hostile, le roi Louis XIV y envoie des femmes. Elles y prendront mari. Le roi leur promet qu'elles pourront choisir celui qui leur plaît.

Les filles qui font le grand voyage sont toutes des orphelines, « sages et de qualité », assure-t-on. Le premier contingent s'embarque sur le navire *L'Aigle d'Or*. La traversée de l'océan dure trois mois, trois semaines et trois jours ! Il faut être courageuse : « Prendre la mer est plus dangereux que d'aller à la guerre ! »

À bord, les filles ont faim et soif. Elles ne se lavent pas et partagent de petits lits à l'étage au-dessus des vaches et des cochons. Ces animaux partent eux aussi vers de nouveaux horizons. Plusieurs passagères tombent malades et meurent avant d'arriver à destination.

Celles qui foulent le sol de la Nouvelle-France sont impressionnées par l'immensité et la beauté du paysage. Les hommes impatients les attendent.

Avec leur nouvel époux, les pionnières prennent possession de leur terre à « bois d'boutte » (où les arbres n'ont pas été coupés). Elles abattent les arbres, arrachent les souches, brûlent les branchages, épierrent le terrain. Elles pêchent, cueillent les plantes médicinales, fabriquent le pain, puisent l'eau à la rivière. Elles apprennent les langues autochtones et se lient d'amitié avec les Premières Nations. Elles accouchent, souvent seules, de nombreux enfants.

Pendant 10 ans, jusqu'à 1000 filles répondent à l'invitation vertigineuse du roi. Elles feront tripler la population de la Nouvelle-France. Elles sont nos ancêtres.

ISABELLE COUC-MONTOUR

1667 • 1752

Isabelle est une métisse. Son père est Français, sa mère Algonquine. Isabelle parle, chante et rit dans les deux langues malgré le mépris des Blancs : elle est fière d'être métisse.

Beaucoup d'hommes aiment Isabelle que sa fierté rend belle. Elle choisit d'épouser Joachim, un coureur des bois qui explore les forêts denses du nouveau continent.

Mais un jour, la forêt lui prend son amoureux, qui se perd et ne revient plus. Isabelle décide alors de voyager et d'apprendre des langues. Elle parle anglais, français, algonquin, huron et iroquois, ce qui est très rare pour une seule personne, car les peuples qui parlent ces langues sont en guerre ! Isabelle peut ainsi aider à régler d'importants conflits. Elle devient une interprète reconnue et respectée.

Les hommes continuent de tomber amoureux d'elle. Vieillissante, le visage strié de jolies rides, Isabelle se plaît à dire qu'elle a eu mille vies, trop fabuleuses pour qu'elle puisse tout raconter…

LOUISE DE RAMEZAY

1705 • 1776

Louise grandit en regardant son père travailler. Elle aime l'odeur du bois de la scierie. Une odeur fumée, un peu sucrée. Les arbres arrivent entiers, puis sont pelés et tranchés. Les planches et les madriers voyagent ensuite vers les chantiers maritimes, où on les assemble pour en faire des bateaux. Les arbres de la forêt auront une deuxième vie : ils vogueront sur l'Atlantique !

Un jour, le père de Louise meurt. Sa fille chausse alors ses bottes et dirige à son tour la scierie. C'est une grande entreprise. Elle connaît bien le bois et sait comment le transformer. Il faut aussi qu'elle embauche de bons ouvriers et qu'elle tienne les comptes.

Louise est douée en mathématiques. Elle va permettre à ses ouvriers de le devenir aussi, en les invitant à apprendre à lire, à écrire et à compter pendant leurs heures de travail. Une bonne entreprise se bâtit à plusieurs bras et à plusieurs têtes.

Les affaires de Louise vont tellement bien qu'après quelque temps, elle ouvre d'autres moulins à scie un peu partout dans la ville.

Louise de Ramezay est une des premières femmes d'affaires du Québec. Elle n'aura pas d'enfants et consacrera sa vie à la prospérité de son entreprise forestière.

MARIE JOSÈPHE ANGÉLIQUE

VERS 1705 • 1734

Marie Josèphe Angélique était une esclave. Elle devait obéir aux ordres de ceux qui l'avaient achetée. Elle n'était pas la seule dans cette situation : plusieurs Blancs avaient alors à leur service des esclaves noirs ou autochtones.

Marie Josèphe Angélique est amoureuse. Elle a envie de vivre et s'enfuit avec l'homme qu'elle aime. Ils tentent de franchir le fleuve Saint-Laurent, gelé par l'hiver, mais seront rattrapés et capturés de nouveau.

Marie Josèphe se révolte : « Si vous n'êtes pas assez justes pour me rendre ma liberté, je la prendrai moi-même ! Je n'ai pas peur de vous ! »

Au même moment, Montréal prend feu. Les flammes montent jusqu'au ciel, et on cherche un coupable. On accuse Marie Josèphe Angélique : « C'est toi qui as fait brûler la ville ! »

Elle sera condamnée à mort, sans aucun procès.

La seule chose certaine, à ce jour, c'est que Marie Josèphe Angélique était une femme courageuse. Une des premières à tenir tête. Une des premières à revendiquer la liberté.

ROSALIE CADRON-JETTÉ

1794 • 1864

Rosalie ne ferme jamais les rideaux de ses fenêtres : elle veut voir dehors. Quand un pauvre vient à passer, elle se précipite et lui offre une galette au beurre et un œuf. « Elle allait jusqu'à donner ses propres vêtements, s'il le fallait ! » diront ses enfants. Elle est comme ça, Rosalie. Elle chante, elle prie, elle fait pousser sa famille dans la joie malgré les peines, malgré la faim, malgré le froid.

Et puis, un jour, ses enfants sont grands. Ils n'ont plus besoin d'elle au quotidien. Rosalie quitte la ferme. Elle emménage dans une petite maison avec de grandes fenêtres sans rideaux. À l'intérieur, il y a beaucoup de lits et de la soupe chaude. Et il y a Rosalie qui écoute et qui ne juge pas. Ces lits, cette soupe et ce cœur-là sont pour les jeunes femmes enceintes. Celles qui vivent dans la rue, celles que leur famille refuse de protéger, car elles ont fait un enfant sans être mariées. C'est contre l'Église, contre la morale.

Rosalie les borde, ces jeunes femmes-là. Elle leur sauve la vie. Et dans la nuit devenue calme, on peut entendre le souffle posé des jeunes filles-mères endormies.

ÉMILIE GAMELIN

1800 • 1851

La maison est pourtant grande, mais l'espace vient à manquer. C'est qu'il y en a, du monde, chez elle ! Émilie accueille les esseulés. Tous. Les vieux, les fous, les tristes, les brisés, les perdus... Elle leur sert du cidre, répare leurs vêtements, écoute leurs secrets.

Au matin d'un jour nouveau, on cogne à la porte. Des lieutenants, sérieux, lui demandent si elle cache des armes dans sa grande maison. Émilie leur rétorque, tout aussi sérieuse : « Oui. En grand nombre ! Et je vous les ferai voir avec plaisir ! »

Elle leur ouvre les portes de sa maison : les vieux, les fous, les tristes, les brisés, les perdus, tous fixent du regard les visiteurs.

« Je sais mieux soulager les pauvres que manier les armes », dit modestement Émilie. Les lieutenants s'éclipsent, Émilie sourit. Sous son toit, les esseulés de ce monde retrouvent un peu de leurs forces.

Et quand sa maison craque sous le nombre, Émilie en ouvre une autre. Puis une autre. Puis une autre...

HORTENSE GLOBENSKY

1804 • 1873

Hortense prend souvent la parole en public. Elle exprime tout haut ses idées, elle clame sa façon de concevoir son pays. Elle dérange tellement qu'elle se met en danger. Des rumeurs courent : ceux à qui elle s'oppose viendront l'attaquer cette nuit. On lui recommande de quitter sa maison, vite !

Mais Hortense ne veut pas partir. Elle veille le petit corps de son bébé qui vient de mourir, emporté par la maladie. Elle veut rester à son chevet, coûte que coûte.

À la nuit tombée, Hortense enfile les pantalons de son mari. Elle attache ses longs cheveux et dépose son chapeau porte-bonheur sur sa tête dure. Ainsi déguisée en homme, fusil à l'épaule, elle attend l'ennemi... qui arrive en grand nombre : 50 hommes avancent vers elle, leurs silhouettes se découpent dans la nuit. Hortense vise et tire, tire, tire !

Les assaillants prennent peur devant cette dangereuse silhouette et rebroussent chemin. Hortense soupire. L'aube se profile doucement sur la ligne d'horizon. Un nouveau jour commence.

EMMA LAJEUNESSE

1847 • 1930

Emma naît dans le village de Chambly, au bord de la rivière Richelieu. Elle aime toucher le piano de son père. Celui-ci l'invite à en jouer quand il s'affaire ailleurs.

Emma aime faire courir ses petits doigts sur les touches en ivoire. Elle apprivoise les sons et prend plaisir à composer des mélodies. Elle s'accompagne de sa voix qui s'accorde joyeusement au piano.

Emma voudrait passer toutes ses journées dans la musique, là où elle est si bien. Elle suit des cours de chant, de piano et de harpe. Elle travaille fort.

À 8 ans, elle donne son premier concert. Sa voix charme le public. « Elle a une voix d'exilée du ciel ! »

Emma est une étoile. Mais, à cette époque, au Québec, les étoiles ont du mal à briller. Elle trouve donc des professeurs ailleurs : aux États-Unis, en France, en Italie. « Emma a une belle voix et le feu sacré. Elle est du bois dont on fait les grandes flûtes ! » dit l'un d'eux.

Emma choisit son nom d'artiste : Albani. Elle chante devant des foules conquises à Florence, à Londres, à Paris, à Berlin, à Vienne, à Bruxelles, à Venise, à New York, à Moscou, à Saint-Pétersbourg, à Mexico ! Pour des milliers de spectateurs bouleversés, elle est la « reine du chant », le « rossignol canadien ».

Albani se lie d'amitié avec de grands compositeurs, dont Gounod et Brahms, ainsi qu'avec la reine Victoria qui l'invite à chanter à son mariage, pour le bonheur de tous les invités.

Sereine et concentrée, travailleuse et passionnée, la « Diva de Chambly » a tenu 43 rôles dans 40 opéras. Sa voix aura porté de belles histoires et des airs fabuleux dans le monde entier.

LE CLUB DES ARCHÈRES DE MONTRÉAL

FONDÉ EN 1858

Ça sent bon la cannelle dans la cuisine : la tarte aux pommes dore au four. La maison n'est pas parfaitement rangée, mais le dessert sera si bon qu'on en oubliera le désordre.

C'est l'heure. Maude ajuste son corset, dépose son chapeau fleuri sur sa tête : « À tout à l'heure ! » Maude s'éclipse à toute vitesse avant que sa famille l'assaille de questions. Elle sort seule ? Où va-t-elle ?

C'est son après-midi préféré, celui où elle rejoint ses camarades sur la rue Sainte-Catherine. Non, ce n'est pas un violon qui dort dans son vaste étui : c'est son arc et il sert à tirer des flèches !

Maude est membre du premier club sportif féminin au Québec. Elles sont plusieurs femmes à échapper aux tâches ménagères pour venir s'entraîner ici. On les critique souvent, parfois on les insulte : « Et la barbe, vous vous la faites raser ? Vous êtes des mères indignes, des épouses minables ! » Mais Maude s'en fiche.

Dans un petit champ de fleurs en bordure de la rue Sainte-Catherine, elles sont une trentaine à tendre l'arc avec puissance, à viser avec précision, à toucher la cible avec fierté.

Les Archères de Montréal gagnent des médailles qu'elles brandissent à tous vents. Elles sont les premières femmes à assumer, avec brio, leur amour du sport.

DORIMÈNE DESJARDINS

1858 • 1932

Dorimène adore les mathématiques. Elle choisit un mari qui a la même passion qu'elle : compter. Ils auront 10 enfants et 163 banques ! À la maison, son mari l'appelle déjà la ministre des Finances : c'est elle qui gère les avoirs.

Ensemble, ils inventent les Caisses populaires Desjardins, qui permettent à tous les Québécois des villes et des villages d'avoir leur compte bancaire et de gérer leurs économies.

Longtemps, Dorimène reste dans l'ombre de son mari, comme plusieurs femmes d'entrepreneurs. Alphonse est rarement à la maison : il est aussi sténographe, il va d'un endroit à l'autre avec sa machine à écrire et tape les mots des autres à la vitesse de l'éclair. Il doit donc compter sur l'intelligence et sur l'esprit d'organisation de sa femme pour gérer les 163 caisses Desjardins.

Entourée de tous ses enfants encore petits, Dorimène additionne les cris et multiplie les berceuses. Elle jongle avec le quotidien et mène avec panache une des entreprises les plus importantes du pays.

HENRIETTE DESSAULLES

1860 • 1946

Henriette serre sa plume entre ses doigts. Elle rédige son journal intime en cachette et le glisse sous son lit quand elle a fini. Parfois, elle écrit toute la nuit.

« Je ne sais qu'une chose, c'est que j'ai en moi un grand mystère qui s'appelle "moi", que je n'y comprends plus rien et que je barbouillerais vainement tes dernières pages blanches pour y écrire ce que je pense et ce que je sens. Tu es une de mes mauvaises habitudes, cher cahier discret. Aurai-je l'énergie de te mettre de côté ? Tolérera-t-on ta présence dans ce beau couvent où je passerai l'année, prisonnière ? »

Les filles n'ont pas le droit d'écrire, les filles doivent être sages, polies, propres et toutes pareilles. Dans son « cher cahier discret », Henriette écrit librement que ça n'est pas vrai et que ça ne se passera pas comme ça !

On lui interdit de danser ? Henriette écrit : « Je renonce à comprendre et je valse comme je mangerais des chocolats. Et le pape viendrait me dire que je fais mal qu'il ne me convaincrait pas ! »

Il faudra attendre 100 ans avant que ces écrits audacieux soient enfin publiés sous le titre *Le Journal de Fadette*. Ainsi, en 1971, 25 ans après la mort d'Henriette, ses mots décapants et son regard lucide sont enfin rendus publics.

LOUISE ARMAINDO

1861 • 1900

Louise adore bouger. Elle soulève des bûches, elle court, elle fait des culbutes. « Pas trop lourd, pas trop vite, pas trop loin, Louise ! » lui recommande sa maman, inquiète.

Un jour apparaît le grand-bi, l'ancêtre de la bicyclette. Ce drôle d'engin est doté d'une immense roue à l'avant et d'une plus petite à l'arrière. C'est déjà tout un exploit de parvenir à s'y asseoir sans tomber, mais quel bonheur quand on arrive à prendre de la vitesse ! Le vent dans les cheveux, les jambes alertes et fortes, le paysage qui défile, sans fin !

Louise est amoureuse de son grand-bi. Enfin, elle peut aller où elle veut, quand elle veut. Personne pour la retenir ! Elle s'inscrit dans des compétitions où elle est la seule femme. Elle va vite ! Mais elle choque les gens, car les femmes ne sont pas admises dans les clubs sportifs. Elles doivent être discrètes et douces, prendre soin du foyer. Leur place n'est pas devant les foules ! En plus, cette petite brunette audacieuse ose se défaire des jupes longues et des corsets... Louise troque les tissus élégants et encombrants contre le pantalon, plus pratique pour pédaler !

À San Francisco, Louise et son grand-bi, libres au milieu des hommes, parcourent 1 726 kilomètres en trois jours.

Écartez-vous ! Laissez passer « la première championne du monde de la bicyclette » !

ÉVA CIRCÉ-CÔTÉ

1871 • 1949

Éva aime se construire des cabanes avec les livres de ses parents. Elle se lève avant eux le matin et vide leurs bibliothèques. Tous empilés les uns sur les autres : ça fait des murs de livres presque jusqu'au plafond ! Éva peut passer des heures dans sa maison de livres : elle se sent protégée par toutes ces histoires.

Et un jour, Éva apprend à lire. Elle est alors prise d'un vertige immense devant tout ce qu'elle pourra découvrir ! Toutes ces voix, toutes ces aventures, toutes ces idées !

Éva passe ses journées à lire. Un jour, elle est prête : c'est à son tour d'écrire. Elle aimerait que sa façon de voir le monde soit publiée. Mais c'est impossible : les éditeurs refusent les textes écrits par des femmes. C'est trop controversé, trop délicat.

Éva est têtue. Elle s'invente un nom de garçon : « Julien Saint-Michel ».

C'est ainsi qu'elle publie plus de 1760 chroniques, une vingtaine de critiques et plusieurs contes ! Éva reste malgré tout dans l'ombre, cachée derrière son nom de garçon.

Elle est consolée par un métier qu'elle adore : celui de bibliothécaire. Elle passe ses journées entourée de mots, comme quand elle était petite.

Son patron, un homme sérieux, n'aime pas que les enfants viennent perturber le calme des lieux. Éva se fâche : « Avez-vous déjà été un enfant pour qu'ils vous dérangent autant ? ».

Éva perd son travail pour avoir osé tenir tête à son patron.

Elle fonde alors son propre journal, *L'Étincelle,* où elle peut écrire ce qu'elle veut, quand elle veut.

Elle y signe enfin ses textes de son vrai nom : Éva Circé-Côté.

ELSIE REFORD

1872 • 1967

Ce qu'Elsie aime, c'est la pêche au saumon. Sentir l'eau vive jusqu'à sa taille, espérer le poisson au milieu de la nature immense : le bonheur. Mais Elsie se blesse et son médecin lui déconseille la pêche. « C'est trop sportif, dit-il. Pourquoi ne pas vous mettre au jardinage ? »

Ici, en Gaspésie ? Au cœur de la forêt nordique ?

Elsie aime les défis. Sur 20 hectares de terre, elle aménage son jardin ! Deux cent mille mètres carrés de fleurs et de plantes, soit environ 30 terrains de soccer de couleurs et d'odeurs ! Elle fait venir des fleurs rares du monde entier, elle déplace des arbres, creuse la terre, importe du sable pour que poussent ses bien-aimées.

Elsie refuse de suivre les règles établies du jardinage, et quand on lui dit que le pavot bleu de l'Himalaya ne s'enracinera jamais ici, elle s'empresse de prouver le contraire. Aujourd'hui encore, cette fleur délicate pousse vaillamment dans le jardin d'Elsie... au milieu des quelques 3000 autres variétés de plantes qui font des Jardins de Métis un des lieux les plus émouvants du pays.

ÉMILIE FORTIN-TREMBLAY

1872 • 1949

Émilie naît dans la région du lac Saint-Jean. Quand elle tombe amoureuse de Pierre, un chercheur d'or, elle quitte ses parents, qui tentent de la retenir. « Et pourquoi ça ne serait pas un endroit pour les femmes ? » lance Émilie. Elle part donc pour le Yukon avec l'homme qu'elle aime. Le grand froid, les ours, la faim : rien ne lui fait peur.

Les jambes enfoncées dans la neige et les joues gelées, elle est la première femme à franchir les 1 067 mètres du périlleux col Chilkoot.

Émilie et Pierre se construisent une cabane en rondins à Miller Creek, devant la rivière où s'activent les premiers chercheurs d'or. Ils cultivent un jardin sur le toit de leur maison où poussent, durant la belle saison, des laitues généreuses et des radis rouges comme les joues d'Émilie.

Émilie Fortin-Tremblay devient l'infirmière des nombreux blessés et l'oreille attentive des tourmentés. Les jours de fête, elle se fait plaisir en invitant à sa table ses vaillants amis. Au menu : lapin farci, rôti de caribou, haricots bruns bouillis, sardines du roi Oscar, pommes de terre au beurre et pouding aux prunes ! La vie est dure, alors célébrons-la !

Émilie est une joyeuse pionnière de la dernière ruée vers l'or du 19e siècle. Grande aventurière, on donna plus tard son nom à la première école francophone du Yukon.

IRMA LEVASSEUR

1877 • 1964

Au fond de la poche d'Irma, il y a trois petits cailloux. Un blanc, un noir et un gris. Ils n'ont rien d'extraordinaire, les petits cailloux d'Irma. Mais elle ne peut pas les quitter.

Irma avait trois frères et sœurs, tous morts de maladies qui auraient dû se soigner.

Irma grandit sans les oublier. Elle décide de devenir médecin. Au Québec, l'université est alors interdite aux femmes. Ses trois petits cailloux dans la poche, Irma part étudier aux États-Unis, puis en France, où elle se spécialise en pédiatrie : les vieux ne l'intéressent pas, ce sont les enfants qu'elle veut soigner. Elle devient la première femme médecin canadienne-française.

Irma revient vite au pays : la tuberculose emporte les enfants par centaines. Elle fonde l'hôpital Sainte-Justine, uniquement pour eux.

Quand Irma sauve un enfant elle cache sa joie, car un autre encore reste à sauver. Mais elle serre fort dans sa poche ses trois petits cailloux.

Un jour, la Première Guerre mondiale éclate et Irma va s'occuper des blessés de guerre en Serbie. Elle est la seule femme sur le front. Les bombes pleuvent du ciel, la peur s'empare d'elle. Même si tout le monde tente de fuir le pays, Irma reste. Car Irma n'a jamais fini.

À son retour chez elle, elle met sur pied un second hôpital : l'hôpital de l'Enfant-Jésus, à Québec. Irma LeVasseur n'a pas eu d'enfants à elle, mais elle s'est occupée toute sa vie de ceux des autres. Elle meurt seule malgré tout, sans argent ni reconnaissance… Trois petits cailloux brillants dans sa poche.

Aujourd'hui, des parcs, des rues et des pavillons d'hôpital, où résonnent les cris de vie des enfants, portent son nom.

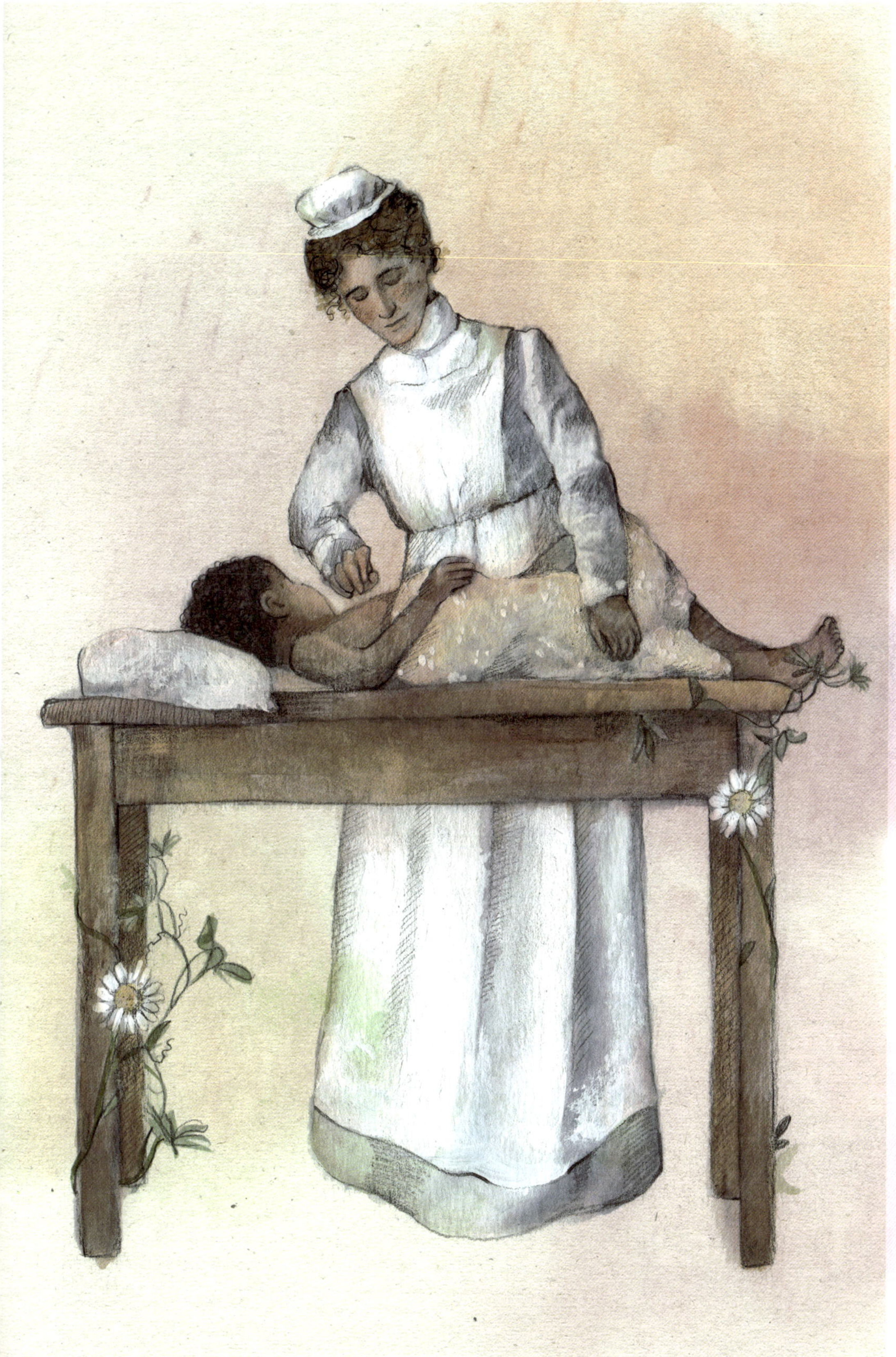

IDOLA SAINT-JEAN

1880 • 1945

Idola chante fort : « À côté de ta mère, fais ton petit dodo, sans savoir que ton père s'en est allé sur l'eau. » Un crayon coincé entre les dents, elle améliore sa diction. Elle aime que tous les sons sortent à la perfection.

Sa mère entre dans sa chambre. Elle lui annonce en pleurant que son papa est parti et qu'il ne reviendra pas.

La petite grandit seule avec une maman dont les larmes ne sèchent pas.

Idola parle bien et fort. Elle travaille parfois à la radio, parfois à l'école de théâtre.

Elle ne veut pas de travail fixe, comme elle ne veut pas de mari qui lui dise quoi faire. Idola veut inventer sa vie. Aller où elle veut, aimer qui elle veut, avoir l'air de ce qui lui plaît. « Si ça vous choque tant pis pour vous, si ça vous fait rire et bien tant mieux pour nous ! »

Elle met sur pied une petite librairie itinérante où elle ne vend que des livres audacieux. Des livres qui apprennent des choses aux gens, des livres qui font voyager, des livres qui disent que la colère est parfois nécessaire. En lisant les mots qu'Idola distribuent, les femmes se libèrent un peu.

Idola est une insoumise. Elle invite les femmes à revendiquer leur droit de vote, quitte à se faire des ennemis ! « Levez-vous et haussez la voix ! »

Elle rappelle à toutes les femmes qu'elles ont un pouvoir immense. Et elle les invite à s'en servir, maintenant et tout le temps.

MAUD WATT

1894 • 1997

Maud naît en Gaspésie, puis déménage avec ses 13 frères et sœurs en Minganie, où elle passe son enfance. Ses yeux s'habituent à la grande beauté du monde. Comment s'en passer, ensuite ?

Maud tombe amoureuse de Jimmy, un Écossais aux larges épaules. Ils partent ensemble vers la baie d'Hudson. Là-bas, les jours de grand froid, le ciel est vaste et le soleil s'accroche à la neige.

Maud chasse, pêche et trappe avec les Cris, les Premières Nations qui vivent dans le Nord du Québec. Elle apprend à s'orienter dans un désert de neige, qui devient Eeyou Istchee : « Notre territoire ».

Un jour, ses amis viennent vers elle, inquiets. La trappe n'est plus bonne. Le castor disparaît et, sans ces animaux, les Cris sont pauvres, puisque la fourrure du castor est leur argent. Les Cris l'échangent contre de la nourriture, des vêtements, des outils.

Maud est inquiète : il faut faire quelque chose. Elle attelle ses chiens. Elle se penche à leur oreille et leur murmure des mots d'amour qui donnent du courage. Elle a besoin d'eux.

Maud s'emmitoufle : il fait 45 degrés au-dessous de zéro ! Ses enfants grimpent sur le traîneau. Pas question pour elle de les laisser derrière. Eux aussi rêvent d'aventure ! Maud les enroule dans les peaux les plus chaudes qu'elle possède et ensemble ils s'élancent sur l'étendue glaciale. Ils foncent à 30 km/h au cœur de la taïga. Ils franchissent 400 kilomètres sans croiser un seul être humain !

La courageuse équipée rejoint finalement la ville de Québec. Maud, tête haute, demande aux grands décideurs d'agir : il faut sauver le castor ! Elle refuse de quitter les lieux sans qu'une importante décision soit prise. La survie des Cris est en jeu.

Maud, ses chiens et ses enfants reviennent victorieux plusieurs jours plus tard. On crée une réserve protégée de plus de 18 600 kilomètres carrés ! Tout un pays pour les castors heureux qui peuvent se multiplier en paix. Progressivement, la chasse reprend. Grâce au pouvoir de persuasion et au courage de Maud, la survie de ses amis est assurée.

Là-bas, dans les contrées gelées, Maud Watt est encore appelée l'« ange de la baie d'Hudson ».

MARIE LACOSTE GÉRIN-LAJOIE ET MARIE GÉRIN-LAJOIE

1867 • 1945 ET 1890 • 1971

Marie a 22 ans quand son premier enfant, une fille, voit le jour. Elle se trouve chanceuse de tenir dans ses bras un bébé rond et en santé. Elle l'appelle Marie, comme elle. Et elle lui souffle à l'oreille qu'elle doit aspirer à ce qu'il y a de mieux.

À partir de ce jour, Marie la maman veut transformer le monde pour Marie sa fille. Elle combat avec ardeur les préjugés selon lesquels les femmes seraient moins intelligentes que les hommes. Marie dit : « Donnez-nous le droit d'étudier ! »

Grâce à son acharnement, Marie contribue à la création de la toute nouvelle École d'enseignement supérieur pour jeunes filles. Son enfant, Marie, en sera la première diplômée.

Marie vieillit. Elle tombe malade et perd la mémoire. Sa fille lui offre une jolie chambre avec des livres partout. Elle prend soin de sa maman qui s'est battue pour ouvrir un chemin vaste et inspirant à toutes les femmes du Québec.

CARRIE MATILDA DERICK

1862 • 1941

Petite, Carrie marche lentement. Tout le monde lui dit tout le temps : « Allez, Carrie, avance ! » Mais Carrie est très occupée : elle observe les plantes. Ça prend du temps, observer les plantes. Elles sont toutes différentes. Certaines ont de longues feuilles qui leur font des bras. D'autres ressemblent à un ventre de femme. Et d'autres... « Avance, Carrie !!! »

À la maison, Carrie dessine les plantes qu'elle a croisées sur son chemin et elle tapisse de ses dessins les murs de sa chambre.

Puis, elle grandit. Son regard porte plus haut et elle se met à dessiner les arbres. Mais il arrive un temps où faire leur portrait ne suffit plus, Carrie veut les comprendre. Alors elle les étudie. Comment poussent les arbres ? De quoi se nourrissent-ils ? Comment survivent-ils à l'hiver ?

Quand Carrie voit des arbres qu'elle aime tomber malades, elle décide de chercher des façons de les guérir. Elle devient botaniste et fait de la santé des arbres sa spécialité.

Elle est plus renseignée que la plupart de ses collègues, tous des hommes, mais on lui refuse son diplôme parce qu'elle est une femme.

Carrie publie les résultats de ses recherches dans les revues scientifiques les plus importantes, et, en 1901, elle figure sur la liste des « 100 hommes de science les plus importants de la planète » !

Carrie Matilda Derick devient la première femme professeure d'université au Québec. Ses étudiantes et ses étudiants l'écoutent parler la langue des arbres, des plantes et des fleurs.

Cori De.
Fig. 1.
Fig. 2
Fig 4.
f. 3.
Fig 5.
ig. 6
Fig 4.3.
Fig

ALICE VIBERT DOUGLAS

1894 • 1988

Contrairement aux autres enfants, Alice a toujours très hâte d'aller au lit. « Quand est-ce qu'on se couche ? » Dans sa chambre, elle a posé son oreiller près de la fenêtre. Et dès que la lumière s'éteint, ses petits yeux noirs prennent quelques minutes à peine pour détecter tous les points lumineux qui habitent le ciel dégagé. Les milliards d'étoiles sont les amies d'Alice. Elle les connaît par leur nom et elle les aime.

En grandissant, son frère assiste à des cours d'astronomie. Ces cours sont interdits aux filles, mais le frère d'Alice est futé : il entrouvre discrètement la porte de la classe. Cachée dans le corridor, Alice écoute attentivement les exposés dont on voudrait la priver. Elle prend des notes, ne veut rien oublier, car elle compte en faire son métier.

Alice devient une spécialiste de l'espace. Elle étudie les astres et les milieux lointains d'où provient la lumière : les étoiles, les planètes, les nuages interstellaires, les galaxies et même les poussières du Big Bang !

Alice comprend beaucoup de choses, mais l'immense mystère du ciel ne cesse de la séduire. C'est ce qui fait sa force : elle sait qu'elle n'aura jamais fini d'apprendre le ciel et elle le scrute toujours de son regard d'enfant.

Alice est une des plus grandes astrophysiciennes du monde.

Quelque part au-dessus de nos têtes, un cratère de Vénus porte glorieusement son nom : Docteure Alice Vibert Douglas.

LA BOLDUC

1894 • 1941

Mary naît près de la mer, en Gaspésie. Son père est Irlandais et elle aime l'écouter jouer de la musique par-dessus le bruit des vagues. Ils vivent pauvrement, et à 13 ans Mary se sépare de son coin de pays pour devenir femme de ménage chez les gens riches de la ville.

En époussetant le piano des autres, Mary compose de petites chansons inspirées de ce qu'elle voit, de ce qui la fait sourire, de ce qu'elle trouve étrange. Ça l'aide à traverser ses journées. Mary découvre que tout se chante.

Elle grandit et tombe bientôt amoureuse d'Édouard Bolduc. Ils ont ensemble 15 enfants ! Mais seulement quatre survivent. Mary chantonne pour que la joie subsiste dans sa maison. Elle fait rouler les sons dans sa bouche : les choses les plus tristes du monde deviennent drôles quand elle les turlutte. Elle chante ainsi les jours gris, raconte la misère, critique les policiers, commente les vêtements des jeunes filles. Mary Travers s'amuse !

En fine observatrice, elle s'inspire du quotidien des Québécois et ceux-ci dansent et chantent sur ses paroles ! On l'appelle « la Bolduc », du nom d'Édouard. Elle est la première auteure-compositrice du Québec.

La Bolduc enregistre une cinquantaine de disques, enchaîne les tournées, avant de revenir dorloter ses quatre enfants.

Entre deux chansons, elle empote des confitures. On raconte qu'à sa mort, elle laisse 13 de ses pots sucrés tant convoités. Mais personne n'arrive à les ouvrir tellement ils sont solidement scellés ! C'est que, en plus d'une redoutable joie de vivre, la Bolduc avait une poigne de fer. Elle aura toute sa vie résisté au malheur en chantant.

THÉRÈSE FORGET-CASGRAIN

1896 • 1981

Quand Thérèse dit à son père qu'elle veut aller à l'université, il lui répond d'aller plutôt voir à la cuisine si elle ne pourrait pas y apprendre à préparer de bons repas...

Thérèse obéit à contre-cœur et rejoint sa mère aux fourneaux.
— Pâté chinois ou ragoût ? lui demande cette dernière.
Thérèse hausse les épaules, désintéressée. Sa mère lui jette un regard complice :
— Moi je vote pour le ragoût.
— Mais papa préfère le pâté chinois.
— Et toi, qu'est-ce que tu préfères ?
Thérèse réfléchit.
— Le ragoût !
— Deux contre un. On l'emporte !
Thérèse et sa mère cuisinent ce soir-là le meilleur repas du monde.

Devenue grande, Thérèse décide de devenir cheffe. Pas cheffe de cuisine (même si c'est un très beau métier), mais cheffe du pays. Elle se présente aux élections. Elle veut défendre ce qui lui tient à cœur : le droit de vote des femmes. Car, pour voter au Québec à cette époque, il faut être un homme.

Thérèse Forget-Casgrain pense que les femmes ont le droit de voter, mais plusieurs personnes ne sont pas d'accord avec elle, dont plusieurs femmes qui ont peur du changement.

Sans craindre les défaites qu'elle accumule, Thérèse reste têtue : les femmes sont aussi intelligentes que les hommes ! Elles prennent part à la vie de la ville, de la province et du pays. Elles doivent pouvoir choisir les personnes qui les dirigent. Elles doivent pouvoir voter !

Sa lutte portera ses fruits et, en 1940, les femmes du Québec obtiennent enfin le droit de vote.

Vers la fin de sa vie, Thérèse Forget-Casgrain est nommée au Sénat (là où des politiciens réfléchissent aux lois du pays). Un jeune journaliste lui demande alors ce qu'elle pense pouvoir accomplir en neuf mois (durée du mandat au Sénat). Sourire aux lèvres, Thérèse lui répond : « Jeune homme, vous seriez surpris de ce qu'une femme peut accomplir en neuf mois ! »

LÉA ROBACK

1903 • 2000

« Regardez vers le ciel. Il y a beaucoup de gris... Mais entre le noir-gris et le gris-blanc, il y a aussi du bleu. Moi, je me concentre sur le bleu... »

Petite, Léa travaille avec ses parents au magasin général. Elle fait des pyramides de boîtes de conserve, elle bâtit des paysages de bonbons et elle a parfois le privilège d'être à la caisse, où elle rencontre les clients.

Léa aime parler aux gens. Découvrir qui ils sont derrière leur grand manteau ou leur veste usée. D'où ils viennent, ce qu'ils aiment, ce qui les met en colère. Les parents de Léa sont des Juifs polonais. Ils ont quitté leur pays pour s'installer au Québec. Seule fille d'immigrants du village, Léa se sent différente des autres enfants.

Quand elle arrive à Montréal, elle trouve du travail dans une manufacture de vêtements. Tous les matins, avant le lever du soleil, des centaines de femmes s'y engouffrent d'un pas pressé. Et toute la journée, elles fabriquent des vêtements pour les autres.

Les petites mains agiles de Léa courent sur le tissu fin, elles cousent un pantalon bien droit. Léa reste la tête penchée, concentrée pour ne pas rater. Parfois, elle se coupe et la blessure saigne. Mais Léa poursuit son travail, sinon elle ne sera pas payée.

Le soir arrive enfin. Des centaines de femmes sortent de l'immense bâtisse grise. Elles n'ont pas vu le soleil, le jour file entre leurs doigts usés. Le dos meurtri, elles se fondent dans la nuit, pressées d'aller se blottir contre leurs petits déjà endormis.

Le travail de Léa est difficile.

Elle pense au courage de ses parents qui ont un jour tout quitté pour aller reconstruire leur vie ailleurs. Pour lui offrir, à elle, un bel avenir.

Alors Léa invite les ouvrières à s'unir pour se défendre : elles ont droit au repos, droit à un bon salaire, droit à une sécurité au travail. Léa parle français, anglais et yiddish. Elle devient une grande cheffe syndicale. Elle pourrait travailler dans un beau bureau, mais elle veut rester près des ouvrières. Elle veut être solidaire. Et elle aime pouvoir dire « nous » revendiquons de meilleures conditions de travail.

Grâce à la volonté de Léa, les ouvrières retrouvent leur dignité. Ainsi parées, tout redevient possible.

MARTHE PELLAN

1905 • 1996

« Distingué Monsieur Pellan, je vous prie de dissuader votre fille Marthe de poser sa candidature à la Faculté de médecine de l'Université de Montréal. Vous comprendrez qu'une présence féminine risque de troubler le climat social de la faculté. »

C'est la lettre que reçoit le père de Marthe, quelques semaines avant le début des classes. Mais Marthe veut être médecin. Elle sait qu'elle peut le faire aussi bien que les garçons. Son père n'arrive pas à la retenir et Marthe devient la première femme francophone à être admise en médecine !

Au milieu d'une centaine de garçons, elle apprend le métier dont elle rêve depuis qu'elle est toute petite. Marthe est fascinée par le cerveau humain, cet organe si mystérieux. Est-ce vrai, ce qu'on dit, que le cerveau des filles est plus petit que celui des garçons ? Marthe Pellan se classe première de sa promotion : ça répond à la question.

Elle décide de se spécialiser en neurologie et elle devient une experte du cerveau humain.

HILDA STRIKE

1910 • 1989

Hilda joue à la balle-molle avec ses amis quand une journaliste sportive la remarque. « Cette enfant est une météorite ! » Elle convainc Hilda de s'inscrire dans un club sportif pour femmes. Hilda s'y rend en courant. Elle a les jambes solides comme des arbres, le souffle profond et une volonté de fer. Quand Hilda veut aller quelque part, elle y va !

Elle participe bientôt aux Jeux olympiques de Los Angeles, où elle court le 100 mètres en 12,2 secondes ! Tout le pays acclame la petite Montréalaise aux yeux rieurs, la femme la plus rapide du monde en cette année 1932 !

Des années plus tard, Hilda, devenue grand-mère, montre à ses petits-enfants comment lacer leurs souliers de course : « Il faut que ça tienne bien la cheville. L'important, c'est de participer, mais gagner, c'est quand même vraiment bien ! »

MARY TWO-AXE EARLY

1911 • 1996

« Viens mon eksa'a ! Viens vers moi !!! » Mary fait ses trois premiers petits pas vers sa grand-mère. Autour d'elles jappent les chiens libres et heureux, la queue battant au vent. On dirait qu'ils sourient : « Elle a marché ! Bravo Mary ! »

Mary grandit sur son territoire, dans la réserve iroquoise de Kahnawake. Elle parle mohawk, chasse avec ses oncles, cuisine la bannique avec les aînés.

À 18 ans, elle voyage à New York et tombe amoureuse d'Edward, un Américain d'origine irlandaise. Ils se marient. Mary perd alors son statut d'Indienne. Car la loi le dit : une femme autochtone qui se marie avec un homme qui n'est pas autochtone cesse d'être une Autochtone ! Mary peut continuer de vivre dans sa communauté tant qu'elle est avec son mari. Mais quand celui-ci meurt, elle se retrouve à la rue. Elle n'a plus le droit d'habiter là où elle est née.

« Même un chien a plus de droits que moi, puisqu'il pourrait être enterré dans ma communauté, mais pas moi ! » gronde-t-elle.

Mary décide de se battre. Elle part à la rencontre de nombreuses femmes qui sont dans la même situation qu'elle. Elle récolte leurs tristes témoignages et fonde l'Association des femmes autochtones. Elle devient la voix de milliers de femmes privées de leur coin de pays, privées de l'endroit où elles ont fait leurs premiers pas ! Après plus de 20 ans de lutte, Mary remporte sa bataille. La loi C-31 redonne aux Amérindiennes le statut qu'on leur avait enlevé. Grâce à Mary, 16 000 femmes et 46 000 enfants ont pu récupérer leur statut d'Indiens.

Mary est aujourd'hui enterrée parmi les siens. À Kahnawake, sur sa terre natale, celle de ses ancêtres et de ses enfants.

LE CERCLE DES FERMIÈRES

FONDATION EN 1915

Constance, Cordélia, Amédée et Alfreda vivent à la campagne. L'une fait les meilleures confitures de bleuets du monde. L'autre tisse, durant des mois, des catalognes chaudes et colorées qui résistent au passage du temps. La suivante brode des rideaux si délicats qu'on voyage en les regardant onduler dans la lumière du jour. La dernière fait habilement valser ses doigts sur des tricots aux motifs vifs comme des feux d'artifice.

Ces femmes sont des agricultrices. Leur quotidien suit le rythme du soleil. Entre le chant du coq et la traite des vaches, entre les semences et les récoltes, les fermières s'activent.

Plutôt que d'œuvrer seules, elles travaillent ensemble. Elles admirent et partagent leurs techniques et se récompensent quand elles touchent à la perfection. Oui, il existe des médailles d'or pour la tourtière exceptionnelle ou la parfaite courtepointe!

Il n'y a pas de petits travaux, et ce que les fermières fabriquent est admirable! Le Cercle des Fermières a permis aux femmes agricultrices de briser l'isolement et de célébrer l'artisanat québécois. Il y a aujourd'hui 650 cercles de fermières au Québec, regroupant plus de 34 000 artisanes talentueuses.

JEANNE LAPOINTE

1915 • 2006

Jeanne Lapointe est la première femme à enseigner la littérature à l'université. Elle est émerveillée par la plume originale de certaines de ses élèves et elle les encourage à créer des personnages féminins différents. « Pas uniquement des mamans qui font un bon gâteau ! » dit-elle. Mais aussi des voyageuses, des rêveuses, des sportives, des scientifiques, des artistes ! Des amoureuses, des colériques, des folles, des sages, des penseuses, des paresseuses, des voltigeuses !

Jeanne consacre sa vie à faire émerger les voix d'écrivaines d'ici. Elle insiste pour qu'elles restent authentiques : n'essaie d'imiter personne ! Ta voix est unique et belle grâce à ses fragilités, à ses imperfections.

Jeanne n'est pas qu'une professeure savante. Sous son air sérieux et ses bonnes manières, elle cache un oiseau de nuit qui aime faire la fête ! Quand elle apprend que sa bonne amie, Anne Hébert, peine financièrement, Jeanne lui rend visite à Paris le jour de Noël. Dans sa valise, elle cache un petit sapin décoré et une dinde congelée ! Noël sera plus chaleureux et Anne écrira mieux. Plusieurs grandes auteures parlent aujourd'hui de Jeanne Lapointe comme d'une mentore généreuse et brillante, sans qui elles n'auraient jamais eu la force d'écrire.

JUDITH JASMIN

1916 • 1972

Judith aime faire des expériences. Elle mélange quelques gouttes de vinaigre blanc avec les restes de tabac de son père, ajoute des pissenlits et un peu d'eau de pluie. Les fleurs jaunes s'ouvrent et se déploient au contact de l'eau. Judith aime observer les changements de couleur, d'odeur, de texture. Elle veut devenir chimiste, mais ses parents n'ont pas assez d'argent pour lui payer de longues études. Alors elle se dit qu'elle va parcourir le monde et s'intéresser aux autres. Plus ils sont différents, plus ils piquent sa curiosité.

Judith commence sa carrière en information à Radio-Canada, auprès de René Lévesque, un grand journaliste qui croit en elle.

Mais Judith veut voyager. Elle veut devenir reporter politique à l'international. C'est un monde d'hommes, d'aventures, de risques. C'est ce que Judith aime. C'est ce qu'elle veut : quitter son confort, être dérangée, bouleversée, secouée.

Elle voyage en Haïti, en Algérie, à Cuba, au Pérou, en Palestine, en Israël, aux États-Unis. Ceux qu'elle y rencontre parlent une autre langue et pensent d'une autre façon. Parfois Judith a peur. Alors elle s'efforce de comprendre et pose des questions.

Pourquoi portes-tu une arme ? Contre qui êtes-vous en colère ? Pourquoi es-tu voilée? Pourquoi vivez-vous dans la rue?

Et souvent, quand Judith comprend, elle cesse d'avoir peur.

Elle est émue par la différence. En la racontant à sa façon, elle ouvre une fenêtre sur le monde aux citoyens de son pays. Judith témoigne de la pauvreté, du racisme, des maladies, des religions, des dictatures. Elle n'imite personne et suit ses principes : pour elle, une grande journaliste doit d'abord être sincère. Judith Jasmin est la première femme québécoise à faire du journalisme politique et international.

Son regard sur le monde transforme à jamais le Québec, comme l'eau de pluie transforme les pissenlits.

MADELEINE PARENT

1918 • 2012

Dans la chambre de Madeleine, dix poupées aux yeux bleus et aux cheveux longs sont debout, les unes derrière les autres.

— Oh, comme c'est mignon, elles font la file pour le pain ?

— Mais non, maman !

— Elles attendent le train ?

Madeleine soupire. Elle redresse délicatement le bras de chacune de ses poupées vers le ciel. Elle les regarde, satisfaite.

— Alors maman, tu comprends maintenant ce qu'elles font ?

La mère de Madeleine observe, perplexe, la dizaine de poupées alignées.

— Mais voyons, maman ! Elles se révoltent !

Madeleine grandit. La dame à la volonté de fer et au collier de perles, c'est elle. Madeleine veut se battre et être belle en même temps. Oui, c'est possible.

D'abord choquée quand elle comprend que certains enfants ne peuvent pas aller à l'école, elle va rencontrer les familles démunies et les invite à dénoncer cette injustice. Les écoles sont à tout le monde. Les pauvres doivent pouvoir apprendre, eux aussi.

Madeleine fera de la révolte sa spécialité.

Elle organise des grèves dans les usines : « Vous, les patrons, si vous ne nous écoutez pas, nous ne retournerons pas travailler ! »

Madeleine est arrêtée plusieurs fois et passe des mois en prison, seule, où le temps est long. Mais elle n'abdique jamais. Elle rédige des discours pour motiver les grévistes, pour les inviter à garder courage.

Avec son amie Léa Roback, Madeleine guide les opprimés, leur apprend à crier et à revendiquer leurs droits : regroupés, nous sommes plus forts, plus fiers !

Son poing brandi vers le ciel et son collier de perles au cou, Madeleine n'a pas dit son dernier mot.

SIMONNE MONET-CHARTRAND

1919 • 1993

Simonne est amoureuse de Michel, mais ses parents souhaitent qu'elle épouse quelqu'un de plus riche et de plus éduqué. Simonne aime ses parents, mais elle refuse qu'ils décident pour elle. Michel est vif, fougueux, et il combat les injustices. Elle l'aime.

« Personne ne peut vous enlever votre liberté de penser. Ne laissez jamais quelqu'un penser pour vous. »

Simonne refuse que le soccer soit un jeu destiné uniquement aux garçons. Et si elle, elle a envie d'en marquer, des buts ? Elle refuse que les femmes soient moins payées que les hommes pour faire le même travail. Elle refuse la guerre et voyage partout pour réfléchir aux solutions qui permettraient de l'éviter.

Simonne est syndicaliste, activiste, pacifiste, féministe, conférencière, rédactrice et maman de sept enfants. Elle travaille toute sa vie à faire évoluer les mentalités vers un Québec moderne, où les femmes occupent la place qu'elles méritent.

CLAIRE KIRKLAND-CASGRAIN

1924 • 2016

Jusqu'en 1964, une femme ne peut ouvrir un compte bancaire sans la signature de son mari, ni louer un appartement. Elle doit être « accompagnée », comme une enfant.

Claire est avocate. Elle travaille fort au milieu d'hommes riches pour un salaire de crève-faim... Devant cette injustice, elle fonde l'Association des femmes avocates du Québec.

Le premier ministre, Jean Lesage, qui dirige alors la province, décide qu'il a besoin d'elle. Claire est nommée au Parlement de Québec. Elle devient la première femme ministre !

Robe noire, tête haute, elle refuse de porter un chapeau, comme la convention l'exige. Pourquoi travaillerait-elle avec un chapeau, alors que les 70 hommes qui l'entourent n'en portent pas ? Et pourquoi n'y a-t-il au Parlement que de vastes toilettes pour les hommes, mais aucune pour les femmes ?

Claire s'occupe de tout ce qui concerne les voitures, les camions, la circulation. Elle est la ministre des Transports. Plus tard, elle sera la ministre de la Chasse et de la Pêche. C'est elle qui crée les premières réserves fauniques, de grands espaces où la nature est protégée.

Claire et sa famille habitent à Montréal. Elle doit donc louer un petit appartement à Québec pour y dormir les soirs où elle finit de travailler très tard. Mais c'est impossible !

« Je ne peux vous louer cet appartement sans la signature de votre mari, Madame, c'est la loi », lui dit un propriétaire.

Une telle injustice ne sera bientôt plus possible : de retour au travail, Claire Kirkland-Casgrain fait adopter une nouvelle loi qui permet enfin aux femmes d'être indépendantes.

« Je signe où, maintenant ? »

KENOJUAK ASHEVAK

1927 • 2013

Kenojuak naît dans un igloo. Ses parents sont nomades : ils se déplacent d'un territoire gelé à l'autre, au gré des chasses. Ils aiment endormir leur fille en lui faisant des jeux d'ombres sur le plafond de glace. « Un oiseau aux grandes ailes, qui plane vers le soleil levant ! » Kenojuak signifie « faucon », un joli nom.

Elle grandit dans la neige. Son père meurt alors qu'elle est encore petite. Mais Kenojuak garde toujours en tête les paroles des aînés : « La vie vaut la peine d'être vécue pour une chose par-dessus tout : voir le jour se lever. »

Dans la culture inuite, le dessin est alors réservé aux hommes. Kenojuak dessine donc en secret sur des peaux de phoque.

Un jour, un voyageur découvre un dessin magnifique. « C'est un lapin qui s'apprête à manger une algue », lui explique Kenojuak. Le voyageur, impressionné, lui offre du papier. Le cœur battant, la jeune femme court se cacher et dessine avec passion tout ce qui est dans sa tête. Des créatures mi-humaines, mi-animales, aux couleurs vives, naissent sous sa plume inspirée. Ses dessins émeuvent et surprennent.

Kenojuak décide de faire parler les roches aussi, en sculptant la pierre. Ses peintures et ses gravures apparaissent aujourd'hui sur deux timbres-poste, sur des billets canadiens de 10 dollars et sur certaines pièces de 25 cents. Elle est une de nos plus grandes artistes.

LES FEMMES DU REFUS GLOBAL

PUBLICATION DU MANIFESTE EN 1948

Madeleine a 15 ans et rentre de l'école en chantant des comptines. Dans la cuisine, sa mère lui annonce tristement que l'argent manque, qu'elle ne peut plus la nourrir. Madeleine doit quitter l'école et se trouver du travail. Ambitieuse et courageuse, elle se retrousse les manches : elle est d'accord pour travailler, mais pas n'importe où.

Madeleine va rencontrer le patron de la plus belle boutique de bijoux de la rue Sainte-Catherine. Elle le convainc de l'engager : elle fera des vitrines extraordinaires que tous les passants viendront admirer.

Ce sera le premier métier de Madeleine Arbour. Grâce à elle, la vitrine du magasin Birks sera beaucoup plus qu'un simple étalage de marchandises. Madeleine s'amuse à disposer les bagues, les colliers et les boucles d'oreilles brillantes en un véritable tableau. Bientôt, toute la ville en parle.

Madeleine devient une conceptrice de décors de talent. Elle travaille au théâtre et à la télévision.

Le Québec étouffe alors sous les lourdes règles imposées par l'Église. Le premier ministre de l'époque, Maurice Duplessis, veut tout contrôler : le nombre de bébés dans chaque foyer, les livres et les disques permis, les dessins tolérables. On doit tous penser de la même façon, et c'est lui qui dicte la marche à suivre !

Pour sortir de cette Grande Noirceur, un groupe d'artistes décide d'écrire un texte qui revendique plus de liberté, de magie et d'ouverture sur le monde !

Ce groupe est composé de neuf hommes et de sept femmes : Madeleine Arbour, Marcelle Ferron, Françoise Riopelle, Thérèse Renaud, Louise Renaud, Muriel Guilbault et Françoise Sullivan. Elles sont peintres, chorégraphes, danseuses, comédiennes, écrivaines. À travers leur art, elles font émerger la lumière.

En signant le manifeste du *Refus Global,* ces femmes prennent un grand risque et ouvrent la porte au Québec moderne.

ELLEN GABRIEL

1959 • –

Ellen est une Mohawk du clan de la Tortue. Le récit de la Création de son peuple raconte qu'une femme venue d'un autre monde arriva sur la Terre, où il n'y avait que de l'eau. Elle y rencontra la Tortue qui lui offrit son dos en guise de pays.

Ellen habite à Kanehsatàke. Quand des Blancs décident de construire un terrain de golf sur le cimetière de ses ancêtres, Ellen leur tient tête. Cette terre-là est sacrée. Elle appartient à son peuple. Les Blancs ne peuvent pas y faire ce qu'ils veulent.

Les Mohawks se regroupent et construisent des barricades pour empêcher le projet de voir le jour. Les Blancs leur jettent des pierres : on dirait la guerre. Le gouvernement ne sait plus comment contrôler les Mohawks, qui n'entendent pas renoncer.

Ellen Gabriel est nommée porte-parole de son peuple. Elle s'adresse au public à la télé et à la radio, elle négocie avec les Blancs. Elle reste fière malgré la peur, elle défend ses droits bafoués depuis trop longtemps.

Cette bataille dure 78 jours et on l'appellera la « Crise d'Oka ».

Le terrain de golf ne sera pas construit sur le cimetière des ancêtres.

Ellen Gabriel aura soutenu les siens avec intelligence et courage.

Aujourd'hui, Ellen peint. Dans ses tableaux, elle traduit la culture de son peuple et la puissance de ses racines.

TABLE DES MATIÈRES

ANAÏS BARBEAU-LAVALETTE

Anaïs fait des films et des voyages,
elle apprend des langues et tente de ne pas les oublier,
elle écrit des livres, fait beaucoup de vélo pour le plaisir,
pour l'inspiration et pour se défouler. Elle essaie de ranger
sa maison, elle essaie de recycler, elle essaie de cuisiner bio
et elle essaie d'appliquer le Zéro déchet, tout en jonglant
avec ses trois incroyables enfants, qu'elle ne veut pas
échapper car elle les aime plus que tout.
« Il ne faut pas chercher l'équilibre, mais embrasser
le déséquilibre. » croit-elle.

Quand Anaïs était petite, elle voulait être fermière ou princesse.
Elle hésite encore à ce jour.

MATHILDE CINQ-MARS

Mathilde Cinq-Mars est une fille du Québec, née au beau milieu d'une famille de sept enfants. Toute petite, elle dessine tout, partout, tout le temps, seule, avec sa mère, ses sœurs ou en compagnie d'amies à l'école... Devenue grande, elle se dit : « Je veux dessiner la France ! ». Elle part alors étudier les arts visuels à l'université de Strasbourg. De retour au pays, à 24 ans, l'arrivée surprenante d'un joli bébé tout rond à élever seule la convaincra de transformer en gagne-pain sa passion pour le dessin. Cinq ans plus tard, ses joues sont roses de fierté d'avoir travaillé pour plusieurs magazines et d'avoir illustré une dizaine de livres, dont celui-ci.

REMERCIEMENTS

Merci à Mélanie Vincelette pour sa présence,
sa lumière, son courage.
Merci à Gilbert Caillère pour sa bienveillance.
Merci à Mathilde pour son talent.
Merci à Raymond et à Manon-ma-mère pour leurs conseils.
Merci à mes parents, qui m'ont brodé
des ailes pour tous les vents.
Merci à mon homme.
Merci à Mamidoux et à tous ceux
qui me permettent de faire pousser des livres,
des films et des enfants en même temps.

A. B.-L.

Merci à Mélanie pour les encouragements,
à Anaïs pour les mots, à Florian pour le soutien,
à Bénédicte pour les câlins, à ma maman Isabelle,
à mes grands-mamans Suzanne et Angèle
pour l'inspiration et à Constance, Anna, Théodore,
Jeanne et Rose pour leur existence.

M. C.-M.

Illustrations : Mathilde Cinq-Mars
Textes : Anaïs Barbeau-Lavalette
Recherche : Annette Gonthier
Révision : Sylvain Trudel et Annie Pronovost
Conception graphique et mise en pages : Isabelle Toussaint

Marchand de feuilles remercie le Conseil des Arts du Canada et la Société de développement des entreprises culturelles (Sodec) pour leur soutien financier.

Marchand de feuilles reconnaît l'aide financière du gouvernement du Canada par l'entremise du Fonds du livre du Canada (FLC) pour ses activités d'édition et bénéficie du Programme de crédit d'impôt pour l'édition de livres (Gestion SODEC) du gouvernement du Québec.

Conseil des arts du Canada Canada Council for the Arts SODEC Québec Canada

Catalogage avant publication de Bibliothèque et Archives nationales du Québec et Bibliothèque et Archives Canada

Barbeau-Lavalette, Anaïs, 1979-, auteure

Nos héroïnes : portraits de femmes québécoises / Anaïs Barbeau-Lavalette ; illustrations, Mathilde Cinq-Mars.

Public cible : Pour enfants de 5 à 13 ans. Et pour toutes les mamans et tous les papas.

ISBN 978-2-923896-90-8

1. Femmes – Québec (Province) – Biographies – Ouvrages pour la jeunesse. 2. Femmes – Québec (Province) – Histoire – Ouvrages pour la jeunesse. 3. Québec (Province) – Histoire – Ouvrages pour la jeunesse. I. Cinq-Mars, Mathilde, 1988-, illustratrice. II. Titre.

FC2905.B37 2018 j920.7209714 C2018-942539-3

Achevé d'imprimer
sur les presses de Marquis-Gagné
à Louiseville, Québec, Canada.
Quatrième trimestre 2018